AF314186

Vente des Lundi 20 et Mardi 21 Mai 1867.

OBJETS D'ART

ET

DE CURIOSITÉ

ARMES

TRÈS-BELLES TAPISSERIES

PROVENANT EN PARTIE DE LA COLLECTION

DE M. E. LABORIE

Et appartenant à M. NARISCHKINE.

Exposition publique le Dimanche 19 Mai 1867

Mᵉ **CHARLES PILLET,**
COMMISSAIRE-PRISEUR

M. **CHARLES MANNHEIM,**
EXPERT

1867

CATALOGUE

D'OBJETS D'ART

ET DE CURIOSITÉ

Émaux champlevés des XIIe et XIIIe siècles;
Émaux de Limoges;
Sculptures en bois, en ivoire, en albâtre et autres;
Armes anciennes; Belle suite de Vitraux;
Tableaux de l'École gothique;
Miniatures; Objets variés des XVIe et XVIIe siècles;
Bronzes et Émaux cloisonnés de la Chine;
Lit en bois sculpté; Meubles hollandais;
Vitrines; Très-belles Tapisseries.

Provenant en partie de la Collection de M. E. LABORIE
et appartenant à M. NARISCHKINE

DONT LA VENTE AURA LIEU

HOTEL DROUOT, Salle N° 5

Les Lundi 20 et Mardi 21 Mai 1867

A DEUX HEURES

Par le ministère de Mᵉ CHARLES PILLET, Commissaire-Priseur,
rue de Choiseul, 11,
Assisté de M. CHARLES MANNHEIM, Expert, rue de la Paix, 10.

Chez lesquels se trouve le présent Catalogue.

EXPOSITION PUBLIQUE

Le Dimanche 19 Mai 1867, de une heure à cinq heures.

CONDITIONS DE LA VENTE

Elle sera faite au comptant.

Les adjudicataires paieront *cinq pour cent* en sus des enchères.

L'exposition mettant le public à même de se rendre compte de l'état des objets, il ne sera admis aucune réclamation une fois l'adjudication prononcée.

———————

Paris. — Imprimerie de PILLET fils aîné, rue des Grands-Augustins, 5.

DÉSIGNATION DES OBJETS

Émaux et Objets dits byzantins

1 — Très-belle plaque, cintrée par le haut, en cuivre champlevé et émaillé d'épargne à rinceaux et fleurons en couleurs sur fond bleu, et portant le nom : *S. Marcialis*, émaillé en réserve sur fond doré.

La figure du saint est exécutée en haut-relief, en cuivre doré, et les vêtements, finement gravés, ainsi que les yeux, sont enrichis de pierres de couleurs diverses. École de Cologne au XIIIe siècle.

Haut., 30 cent.; larg., 14 cent.

2 — Deux lions debout, en cuivre jadis doré, avec parties champlevées et émaillées bleu.

Ces pièces intéressantes et de la plus grande rareté da

tent du xiiᵉ siècle, et ont vraisemblablement servi à supporter une châsse de grande dimension.

Haut., 20 cent.; larg., 17 cent.

300 3 — Petite châsse de forme oblongue, en cuivre champlevé et émaillé d'épargne avec têtes saillantes en cuivre doré.

La face principale représente deux scènes tirées de la vie de Thomas Becket. Les faces latérales sont décorées de figures de saints personnages debout, réservées en or sur fond d'émail, et elle offre au revers un décor à quadrilles sur fond doré.

La partie supérieure, en forme de toit, se termine par une galerie en cuivre découpée à jour. Collection Failly.

Haut., 16 cent.; larg., 14 cent.

166 4 — Châsse de même forme que celle qui précède, en cuivre, champlevé et émaillé d'épargne; la face principale présente deux scènes tirées de la vie d'un saint évêque; les côtés sont décorés de figures gravées réservées sur fond d'émail et la face postérieure est émaillée à rosaces sur fond quadrillé bleu. Même époque. Collection Jacquinot-Godard.

Haut., 17 cent.; larg., 13 cent.

320 5 — Custode de forme sphérique aplatie, montée sur piédouche élevé et surmontée d'une croix avec Christ en relief.

Elle est décorée de médaillons ronds et quadrilobés,

renfermant des bustes d'anges gravés, réservés sur fond
d'émail rouge et vert. Les médaillons sont séparés par des
fleurons et des arabesques émaillés en couleurs. Ouvrage
de Limoges du XIIIe siècle.

Haut., 27 cent.

6 — Custode de mêmes forme et travail que celle qui précède. Celle-ci est décorée de fleurons et de rinceaux
émaillés en couleurs sur fond bleu.

7 — Petite custode de forme cylindrique à couvercle co-
nique surmonté d'une croix, en cuivre champlevé et
émaillé d'épargne à rosaces sur fond bleu. Travail de
Limoges du XIIIe siècle.

Haut., 10 cent.

8 — Bel encensoir de forme sphérique sur piédouche, en
cuivre champlevé et émaillé d'épargne, décoré de fleurons
et de rosaces se détachant en couleurs sur fond bleu, et
enrichi de médaillons en cuivre doré découpés à jour, représentant des griffons ailés. Cette pièce est garnie de ses
chaînes. Ouvrage du XIIIe siècle.

Haut., 17 cent.

9 — Custode en forme de colombe debout, en cuivre gravé
et doré, et dont les ailes et la queue sont émaillées en
couleurs avec points d'émail en relief imitant la turquoise.
Elle repose sur une rosace émaillée d'où s'échappent

quatre branches légèrement cintrées en cuivre doré.
XIIᵉ siècle.

Haut., 18 cent.

10 — Charmante petite burette de forme orientale, en cuivre
champlevé et émaillé d'épargne. Elle est décorée de figures
finement gravées, se détachant sur un fond d'émail bleu
clair, et elle est enrichie de rinceaux émaillés en couleurs
sur fond gros bleu. Ouvrage du XIIIᵉ siècle.

Haut., 18 cent.

11 — Crosse d'évêque, en cuivre doré et gravé, enrichie de
chatons en relief ornés de pierres diverses.

Au centre de l'enroulement, le donataire, agenouillé,
est en adoration devant la figure de la Vierge.

La douille est ornée de lézards en relief, et son nœud
présente huit losanges portant des fleurs de lis réservées
en or sur fond d'émail. Ouvrage du commencement du
XIVᵉ siècle.

Haut., 34 cent.

12 — Autre crosse en cuivre champlevé et émaillé à losanges
bleus.

Le centre de l'enroulement présente le sujet du Cou-
ronnement de la Vierge, en cuivre doré et découpé à
jour. Les yeux des personnages sont en émail. Ouvrage
du XIIIᵉ siècle. Collection Failly.

Haut., 17 cent.

13 — Nœud de crosse d'évêque, en cuivre doré finement repercé à jour, et composé d'un double rang de lézards en relief dont les yeux sont émaillés noir.

La douille, gravée à écailles, est ornée d'une zone de rosaces réservées sur fond d'émail bleu. (Collection Pourtalès.) Ouvrage du xiiie siècle.

Haut., 65 cent.

14 — Croix en cuivre champlevé et émaillé d'épargne à rosaces en couleur sur fond bleu et portant les initiales du Christ.

Elle offre en relief la figure du Christ, en cuivre conservant des traces de dorure, et dont les yeux, ainsi que la couronne, sont décorés de points d'émail en relief. Ouvrage de la fin du xiie siècle.

Haut., 30 cent.

15 — Christ en croix, en cuivre doré, avec draperies émaillées. Les branches de la croix, en cuivre doré avec chatons en relief, se terminent par des fleurons en agate orientale.

Haut., 56 cent.

16 — Deux figures d'applique en cuivre doré en partie et draperies émaillées. L'une d'elles représente le Christ assis et bénissant, et l'autre un saint évangéliste assis. Ces figures ont leurs yeux en émail noir. Ouvrage du xiiie sièclet

Haut., 14 cent.

150

17 — Deux figures d'applique en haut-relief, en cuivre doré; elles représentent de saints personnages debout. Ouvrage très-curieux de la fin du xiie siècle.

Haut., 14 cent.

470

18 — Haut-relief en cuivre repoussé et doré représentant l'ensevelissement d'un saint évêque. Composition de six figures dont les vêtements sont très-finement gravés et dont les yeux sont en émail noir. Ouvrage du commencement du xive siècle. (Collection Soltykoff.)

Haut., 30 cent.; larg., 36 cent.

14

19 — Plaque de forme carrée à angles coupés en cuivre champlevé émaillée en couleurs. — Écusson armorié. Travail de Limoges au xiiie siècle.

Émaux de Limoges

1130

20 — Deux assiettes peintes en émaux de couleurs et sur paillons avec rehauts d'or.

Elles offrent à leur centre deux sujets de personnages figurant les mois d'Avril et de Novembre. Leurs bords sont décorés de mascarons, de grotesques et de rinceaux se détachant en couleurs sur fond noir.

Le revers de chacune d'elles présente un riche cartouche décoré de têtes de chérubins et de groupes de fruits, et dont le centre est occupé par un buste de personnage décoré en émaux de couleurs sur fond noir.

Diam., 20 cent.

21 — Plaque ovale en hauteur, légèrement concave, peinte en grisaille sur fond bleu et rehaussé d'or. Psyché et l'Amour couchés sur un lit de repos.

575

La bordure en bois sculpté, peint et doré, est enrichie de six plaques représentant des sybilles debout, dont deux sont peintes en grisaille rehaussée de vert sur fond noir, et les quatre autres en grisaille sur fond noir. Ouvrage du XVIe siècle attribué à Léonard Limousin. (Collection Jacquinot-Godard.)

Haut., 68 cent. ; larg., 47 cent.

22 — Petite plaque ronde peinte en émaux de couleurs. Elle représente saint Christophe portant le divin Sauveur. — Ouvrage du XVIe siècle.

86

Diam., 75 millim.

23 — Plaque carrée. Peinture en émaux de couleurs et sur paillons.

451

Elle représente un sujet mystique composé d'un grand nombre de figures et de cavaliers. Ouvrage de la première moitié du XVIe siècle.

Haut., 23 cent.; larg., 22 cent.

24 — Plaque carrée peinte en émaux de couleurs et repré-

51

sentant l'Adoration des rois mages. Première moitié du
XVIᵉ siècle.

Haut., 12 cent.; larg., 10 cent.

240

25 — Grande plaque carrée. Peinture en grisaille légèrement
teintée sur fond bleu.

Elle représente un saint personnage agenouillé devant
saint François et Mme de Chantal. On lit au bas : F. F.
DOATUS. 1584. Collection La Sayette, de Poitiers.

Haut., 21 cent.; larg., 20 cent.

235

26 — Petite coupe ronde et basse à deux anses. Son pourtour,
repoussé à bossages, est décoré de rinceaux en grisaille et
or sur fond noir.

Elle présente à l'intérieur le buste de saint François, et
à l'extérieur le buste de Mme de Chantal, décorés en
émaux de couleurs sur fond noir. Ouvrage de Jean Laudin (monogramme IL.) Collection Rattier.

Haut., 4 cent.; diam., 14 cent.

220

27 — Douze petites plaques carrées représentant les douze
Empereurs romains peints en grisaille sur fond noir avec
inscriptions en or. Dans un cadre à moulures en bois noir
avec compartiments dorés. Ouvrage de la fin du XVIᵉ
siècle.

Haute., 47 cent.; larg 47 cent.

28 — Grande plaque carrée. Peinture en émaux de couleurs par *Baptiste Noualhier, à Limoges* (signée).   *50*

Elle représente le Père éternel entouré de chérubins et bénissant des cœurs enflammés.

Haut., 24 cent.; larg., 17 cent.

29 — Deux petites plaques carrées portant le monogramme de *Jean Laudin*. Peintures en émaux de couleurs représentant saint Pierre et saint Barthélemy.   *78*

Haut., 11 cent.; larg., 9 cent.

30 — Petite plaque de forme carré-long. Peinture en émaux de couleurs et sur paillons, par *François Limosin*, représentant Vénus et Adonis.   *216*
Wetterham revendu à (Hamelin: 250)

Larg., 135 millim.; haut., 95 millim.

31 — Deux plaques de forme carré long. — Peinture en grisaille sur fond noir, représentant deux scènes tirées de l'Ancien Testament. XVIe siècle.   *80*

Larg., 155 millim.; haut., 75 millim.

32 — Deux plaques carrées. — Peinture en émaux de couleurs sur fond noir. Le Christ à la colonne et mise au tombeau. XVIe siècle.   *60*

Haut., 12 cent.; long., 10 cent.

39

33 — Deux plaques carrées. — Peinture en grisaille, chairs teintées. Le Lavement des pieds et la Femme adultère.

Haut., 15 cent.; larg., 10 cent.

52

34 — Douze médaillons ovales. —· Peintures en grisaille, chairs teintées attribuées à J. Laudin. Bustes d'empereurs romains.

Haut., 7 cent.; larg., 58 millim.

74

35 — Douze autres médaillons ovales. — Bustes d'empereurs romains en grisaille.

Haut., 9 cent.; larg., 65 millim.

27

36 — Deux plaques de forme octogone et une plaque ronde. —Peinture en grisaille. Bustes d'empereurs romains.

Haut., 95 millim.; larg., 75 millim.

62

37 — Plaque ovale en cuivre repoussé.— Peinture en émaux de couleurs et sur paillons, attribuée à Suzanne Courtois. L'enlèvement d'Europe.

Haut., 80 millim.; larg., 52 millim.

250

38 — Plaque carrée. — Peinture en grisaille par Kip. Composition de douze figures; on lit sur la base d'un trône : L. SERCIUS PAULLUS. ASIÆ PROCOS. CHRISTIANA. La plaque porte au revers le poinçon de l'artiste.

Haut. et larg., 9 cent.

39 — Deux petites plaques carrées. — Peinture en grisaille attribuée à Pierre Courtois. Animaux dans un parc.

Haut., 70 millim.; larg., 75 millim.

40 — Deux plaques cintrées provenant de baisers de paix- L'une représente l'Annonciation, et l'autre le Christ por- tant sa croix.

41 — Grande et belle plaque de forme carré-long. — Pein- ture en émaux de couleurs, par Jean Laudin. Elle repré- sente Diane au bain entourée de ses compagnes et surprise par Actéon. On lit au revers de la plaque : *Laudin au fauxbourgs de Magnine à Limoges.* I. L. Collection Le Car- pentier.

Haut , 20 cent.; larg., 25 cent.

42 — Petite coupe ronde. — Peinture en émaux de couleurs, par Jean Laudin. La Mort d'Adonis.

Diam., 16 cent.

43 — Plaque ovale. — Peinture en émaux de couleurs et or- nements en relief par Jean Laudin. Elle porte au revers la même inscription que la plaque numéro 41.

Haut., 18 cent.; larg., 16 cent.

44 — Plaque de forme rectangulaire. — Peinture en émaux de couleurs et sur paillons. La Mort d'une sainte femme.

Haut., 11 cent.; larg., 15 cent.

45 — Plaque en forme de lozange. — Peinture en émaux de couleurs. Buste d'Hélène.

Haut. et larg., 19 cent.

46 — Plaque ovale.—Peinture en grisaille rehaussée d'or. La Vierge tenant son divin Fils assis sur ses genoux.

Haut., 15 cent.; larg., 12 cent.

47 — Deux plaques carrées. — Peinture en émaux de couleurs et ornements en relief aux angles. Saint Grégoire et saint Augustin. On lit au revers : *Baptiste Nouailher à Limoges.*

Haut,, 18 cent.; larg., 15 cent.

48 — Plaque carrée. — Peinture en émaux de couleurs, par Jean Laudin. Buste de la Vierge. On lit au bas: MATER DEI.

Haut., 14 cent.; larg., 11 cent.

49 — Quatre petites plaques de forme carré long en hauteur. — Peinture en émaux de couleurs, par Jean Laudin. Bustes de saints personnages dans des cadres en étoffe de soie verte à ornements en relief brodés en fin.

Haut. sans cadre, 75 millim.; larg., 55 millim.

50 — Plaque carrée — Peinture en émaux de couleurs. La Vierge portant son divin Fils ; au-dessus le Père éternel ;

autour un grand nombre d'inscriptions en vieux français.
xvi⁰ siècle.

> Haut., 21 cent.; larg., 17 cent.

51 — Plaque carrée. — Peinture en grisaille par *H. Poncet*,
signée H. P. F. Saint Pierre en prière. Cadre en bois
sculpté et doré.

> Haut., 135 millim.; larg., 11 cent.

52 — Plaque carrée. — Peinture en émaux de couleurs et
ornements en relief aux angles. Vierge en prière. On lit au
revers : *Laudin au faurbourgs de Manigne à Limoges.* I. L.

> Haut., 12 cent,; larg., 11 cent.

53 — Colonne de flambeau très-finement décorée de bustes,
d'oiseaux et d'ornements en couleurs et en relief, par
Laudin.

> Haut., 155 millim.

54 — Quatre plaques de forme rectangulaire. Peinture en
émaux de couleurs. Figures de femmes vues à mi-corps
en costumes du temps de Louis XIII.

> Haut., 10 cent.; larg., 8 cent.

55 — Trois petites plaques de bourses. — Peinture en émaux
de couleurs. Bustes et ornements.

56 — Petite plaque ronde. — Peinture en grisaille sur fond noir. Buste du petit saint Jean.

Diam., 6 cent.

57 — Quatre plaques de diverses formes qui seront vendues séparément.

Vitraux

58-59 — Deux garnitures de croisées, composées chacune d'un grand nombre de vitraux des xvie et xviie siècles, à figures et armoiries.

60-62 — Six panneaux cintrés composés de vitraux de diverses dimensions. Ils seront vendus par deux.

63-65 — Neuf vitraux carrés à armoiries et figures. Ce lot sera divisé.

66-68 — Environ quinze petits vitraux des xvie et xviie siècles qui seront vendus par lots.

69 — Grand nombre de fragments de vitraux.

Sculptures

70 — Grande frise en bois sculpté en bas-relief, rehaussée de couleurs et de dorure.

Elle représente la mort de saint Louis. Ouvrage allemand du xvie siècle.

Haut., 65 cent.; larg., 1 mètre 87 cent.

71 — Grand bas-relief de forme cintrée par le haut. Il représente le retour de Tobie. Cadre en bois noir à moulures. Travail du commencement du xviie siècle.

Haut., 1 mètre 15 cent.; larg., 1 mètre 4 cent.

72 — Sculpture en haut-relief. Elle représente le Calvaire.

Cette scène, qui se compose d'un grand nombre de figures, est placée sous un monument supporté par deux colonnes torses. Ouvrage du xviie siècle.

Haut., 58 cent.; larg., 75.

73 — Médaillon rond en bois sculpté, peint et doré, représentant l'ascension de la Vierge. xvii siècle.

Diam., 47 cent.

74 — Panneau en bois sculpté en bas-relief, peint et rehaussé de dorure. Il représente la naissance du Christ. Ouvrage du xvie siècle.

Haut., 1 mètre 5 cent.; larg., 64 cent.

75 — Panneau de mêmes style et travail que le bas-relief qui précède et pouvant lui servir de pendant. Il représente la Présentation au Temple.

Haut., 1 mètre 5 cent.; larg., 66 cent.

6 — Deux groupes de cavaliers en bois sculpté en haut-relief peint et doré, et provenant d'un rétable du xvie siècle

Haut., 60 cent. ; larg., 26 cent.

77 — Deux figures de saints personnages sculptées en bas-relief, et montées sur des consoles-supports à figures d'anges. Travail du xvie siècle.

Haut., 43 cent.

78 — Deux panneaux en bois sculpté en bas-relief, à figures d'homme, de femme et de satyre et à ornements variés. Travail du xvie siècle.

Haut., 74 cent.; larg., 38 cent.

79 — Albâtre. — Bas-relief de forme cintrée, représentant l'Adoration des rois mages. Ouvrage du xvie siècle, rehaussé de dorure.

Haut., 15 cent. ; larg., 14 cent.

80 — Ambre. — Statuette. — La Vierge debout tient son divin fils assis sur son bras gauche. Les chairs sont réservées en blanc et les vêtements sont en ambre rouge. Le socle à pans est décoré de médaillons très-fins, représentant l'Annonciation, la Crèche et la Présentation au temple. Travail du XVIe siècle.

Haut., 25 cent.

81 — Matières diverses. — Sculpture en haut-relief, représentant saint François vu à mi-corps, exécuté en marbre et albâtre de diverses nuances et peint. Cette figure est appliquée sur fond de marbre noir, avec bordure ovale en marbre jaune de Sienne. Travail du XVIIe siècle.

Haut., 32 cent.; larg., 26 cent.

82 — Groupe en bois sculpté. La Vierge, debout, tient son divin fils sur son bras gauche. Les chairs sont coloriées et les draperies sont dorées. Ouvrage du XVIIe siècle.

Haut., 26 cent.

83 — Deux bas-reliefs de forme octogone en ébène, représentant deux sujets allégoriques ayant trait à la naissance de Louis XIII. Travail de l'époque.

Haut., 24 cent.; larg., 18 cent.

84 — Sphère en ivoire sculpté à fleurs découpées à jour, renfermant onze autres boules concentriques découpées à

jour et prises dans le même morceau d'ivoire. Travail chinois.

85 — Cire. — Deux médaillons carrés, renfermant deux figures de personnages vus à mi-corps, exécutés en bas-
relief et coloriés au naturel. Ouvrage du commencement
du XVIIe siècle.

Haut., 16 cent.; larg., 13 cent.

86 — Cire. — Deux médaillons ronds en bois noir, renfermant un buste d'homme et un buste de femme en costumes Louis XV, exécutés en cire, en relief et coloriés au
naturel.

Diam., 19 cent.

87 — Cire. — Deux médaillons ovales en cuivre repoussé,
renfermant des bustes d'homme et de femme en bas-relief
en cire peinte et appliqués sur fond de verre bleu. Époque
Louis XVI.

Haut., 14 cent.; larg., 11 cent.

88 — Cire. — Deux médaillons analogues à ceux qui précèdent et de même travail. Bustes de jeune homme et de
jeune femme. Ce dernier porte au revers le nom : *F.
Geissler fecit.*

Haut., 14 cent.; larg., 11 cent.

89 — Cire. — Trois médaillons analogues à ceux qui précèdent. Ils représentent trois membres de la famille *Klin-
ger de Breslau.*

Haut., 14 cent.; larg., 11 cent.

90 — Albâtre rehaussé de dorure. — Sculpture en haut-relief, divisé en deux parties; le sujet de droite représente
l'Annonciation. et celui de gauche, une figure d'évêque
debout, tenant la crosse de la main gauche et la tiare de
la droite. Ces sujets sont placés sous de riches motifs d'ar-
chitecture gothique decoupés à jour. Travail de la fin du
xvᵉ siècle.

Haut., 56 cent.; larg., 51 cent.

91 — Ivoire. — Figure grotesque accroupie, xviiᵉ siècle.

Haut., 18 cent.

92 — Ivoire, bas-relief. — Deux anges agenouillés présentant le saint suaire. xviiᵉ siècle. — Cadre en bronze doré.
Collection Pourtalès.

Haut., 5 cent.; larg., 10 cent.

93 — Ivoire, ronde bosse. — Vénus debout. Travail moderne.

Haut., 22 cent.

94 — Ivoire, bas-relief. — Amphitrite debout dans une co-
quille. Travail moderne.

Haut., 26 cent.

95 — Ivoire. — Deux drageoirs dont les couvercles sont
sculptés en bas-relief. L'un deux représente Vénus tenant
un arc, et l'autre, un groupe de trois figures. Époque
Louis XIV.

96 — Ivoire, bas-relief. — Deux figures d'enfants dans le style de François Flamand.

Haut., 7 cent.; larg., 5 cent.

97 — Ivoire. — Deux pièces : Statuette de Vierge, et petit bas-relief ovale.

98 — Bois. — Deux petits panneaux sculptés à ornements et figures. xvie siècle.

99 — Deux pièces. Bas-relief en ébène représentant Adam et Eve chassés du Paradis, et buste de Voltaire en nacre gravée en bas-relief.

Armes

100 — Armure d'enfant de la fin du xvie siècle, en fer gravé à filets et à têtes de clous saillantes en cuivre. Elle se compose du casque, de la cuirasse, des cuissards, des jambières, des brassards et des gantelets.

101 — Bouclier rond à pointe saillante repoussée, décoré de bandes d'ornements gravés et entre-deux offrant des médaillons ovales renfermant des figures de femmes debout, qui représentent la Justice, la Vérité, la Gloire, etc. Travail de la fin du xvie siècle. Cette pièce a conservé des traces de dorure.

102 — Rondache en fer repoussé à côtes en spirale et à bossettes saillantes damasquinées en or. Le bord offre une large frise représentant des sujets de chasse et des fleurs finement gravés et damasquinés en or.

    Travail indien très-ancien.

103 — Petit épée du XVIe siècle, à fusée, garde et pommeau ciselés à ornements en relief.

104 — Colletin en cuivre repoussé et doré; le devant représente le roi David pinçant de la lyre, entouré de figures d'anges dansant. Le revers offre un combat de cavaliers. XVIIe siècle.

105 — Grand fusil à mèche; le bois est incrusté d'ivoire. XVIe siècle.

106 — Arquebuse à rouet; le bois est enrichi d'incrustations d'ivoire gravé. Même époque.

107 — Arquebuse à rouet analogue; le bois est incrusté de cuivre et de nacre.

108-111 — Quatre arquebuses à rouet; les bois sont incrustés d'ivoire. Elles seront vendues séparément.

112 — Rondache en fer gravé à ornements. Travail moderne.

113 — Deux casques en fer gravé. Travail moderne.

114 — Deux chemises de mailles.

115 — Arbalète dont le bois est incrusté d'ivoire.

116 — Deux haches d'armes dont les manches sont plaqués en os gravé.

117 — Quatre hallebardes.

118 — Trois pistolets dont deux sont garnis en argent e coraux.

119 — Trousse en cuir, garnie en fer gravé.

120 — Petite rondache en damas, à bossettes saillantes et frise de fleurs et de rinceaux gravés en relief et dorés. Travail persan.

121 — Deux beaux brassards en damas, entièrement couverts de fleurs et de rinceaux dorés. Même travail.

122 — Pulverin en argent niellé à fleurs et ornements.

123 — Grand yatagan dont la poignée et le fourreau sont en argent ciselé.

124 — Autre yatagan ; le fourreau en cuir, ainsi que la poignée, sont garnis en argent.

125 — Petit sabre japonais accompagné de son petit couteau.

126 — Casque à bombe en fer à inscription gravée et garni en mailles.

127 — Sabre à lame en damas et poignée en fer ciselé à tête d'aigle ; fourreau garni en velours rouge.

128 — Trois yatagans dont deux à poignées garnies en argent.

129 — Sabre à lame courbe en damas; poignée et fourreau garnis en argent niellé.

130 — Arc indien en bois-laqué, accompagné de ses flèches renfermées dans une boîte en velours vert.

131 — Fusil turc dont le bois est enrichi d'incrustations de cuivre et de nacre.

132 — Fusil dont le bois est incrusté d'ornements de cuivre et le canon damasquiné d'argent.

133-134 — Deux fusils analogues à celui qui précède, mais moins riches. Il seront vendus séparément.

135 — Deux casques en mailles ; la calotte de l'un d'eux est plaquée d'argent.

136 — Sabre double chinois et petit poignard à lame courbe et poignée en damas.

Tableaux et Miniatures

137 — Deux dessins très-curieux du xiii⁰ siècle sur vélin. Ils représentent divers épisodes de la vie de saint Éloi et portent quantité d'inscriptions explicatives des divers sujets.

Un troisième dessin, formant suite à ceux qui précèdent, a été copié sur l'original, qui existe à la Bibliothèque de Londres, par M. Agisson, de Noyon.

Les deux dessins originaux que nous possédons, ainsi que celui de la Bibliothèque de Londres, proviennent de la bibliothèque de l'évêché de Noyon.

138 — Triptyque sur bois. Le tableau central représente saint Jérôme en adoration devant le Christ. Le volet droit offre la figure du donataire debout, s'appuyant sur son épée, et le volet gauche saint Pierre debout, en prière.

École flamande au xvi⁰ siècle.

Haut., 47 cent.; larg., 72 cent.

139 — Tableau sur bois, représentant la légende de sainte
Godlive, des environs de Bruges. Cadre à moulures guil-
lochées en bois noir.

Ecole flamande du xvi⁰ siècle.

Haut., 39 cent.; larg., 25 cent.

140 — Grand panneau, représentant les enfants échappés au
massacre ordonné par Hérode, assis sur les genoux des
saintes femmes et accompagnés des bergers.

École gothique allemande.

Haut., 67 cent.; larg., 1 mètre 85 cent.

141 — Miniature ovale dans la manière de *Hall*. Les deux
sœurs. Cadre en bronze doré.

142 — Miniature ovale sur ivoire d'après *Fragonard*. Buste
de jeune fille. Cadre en bronze doré.

143 — Miniature ovale sur ivoire d'après *Fragonard*. Buste
de jeune garçon.

144 — Miniature ovale par Sicardi (signé S.). Portrait de
femme, les cheveux poudrés. Cadre en bronze doré.

145 — Miniature sur vélin. — Bustes de Charles VI empereur
et d'Élisabeth sa femme. Cadre en argent et écaille.

146 — Miniature ronde sur ivoire.—Vénus, Adonis et l'Amour. Cadre en bronze doré.

147 — Miniature ronde sur ivoire attribuée à *Charlier*. Vénus, Diane et Amours. Cadre en argent doré.

148 — Miniature ronde sur ivoire. — Amours dans un paysage.

149 — Miniature sur vélin. — Personnages en costumes d'après Watteau. Cadre en bronze doré.

150 — Miniature ronde sur ivoire. — Portrait de jeune femme vue à mi-corps.

151 — Miniature ronde sur ivoire. — Buste de jeune fille et Amour. Cadre en argent doré.

152 — Miniature ovale. — Buste de Necker et attributs.

153 — Quatres miniatures. — Portraits d'hommes et de femmes.

154 — JEAN STEEN. — Un buveur.

155 — Petit tableau sur cuivre. — Sainte Madeleine.

Objets variés

156 — Christ en corail sculpté, monté sur croix en cuivre
doré, enrichie d'ornements en corail et d'arabesques en
argent découpé à jour et émaillé bleu. Travail vénitien du
XVIIe siècle.

Haut., 48 cent.

157 — Très-joli plateau de même travail et de forme hexagone.
Il offre, à son centre, trois niches ornées de figurines en
corail sculpté. Le fond, de cuivre doré, est couvert en
partie par des incrustations de corail. La moulure exté-
rieure est garnie d'ornements découpés à jour, émaillés
blanc et enrichis de rosaces en corail.

Haut., 56 cent.; larg., 37 cent.

158 — Belle mosaïque de Florence en relief, représentant
deux bustes de saintes femmes exécutés en matières précieuses diverses, telles que: jaspes de Sicile, lapis, etc.;
ces figures sont appliquées sur un fond de marbre noir
avec encadrements de cuivre doré et de fleurs en matières
précieuses, en relief. Le cadre, à moulures en bois noir,
a son attache formée de feuillages et de rinceaux en bronze
doré et en matières diverses. XVIIe siècle.

Haut., 34 cent., larg., 37 cent.

159 — Petite cassette à bijoux, en cuir gaufré à figures et ornements et garni de ses ferrures de l'époque. Ouvrage du
xve siècle.

Haut., 18 cent.; larg., 13 cent.

160 — Manuscrit in-8° sur vélin, enrichi d'un grand nombre
de miniatures, lettres ornées etc. xve siècle. Il a conservé
sa couverture en cuir de l'époque.

161 — Plat rond en cuivre jaune repoussé à rosace, et dont le
centre est occupé par un écusson en argent décoré en
émaux translucides. Ouvrage du xvie siècle.

162 — Bas-relief en bronze doré: le Christ présenté au peuple
Cadre à moulures en bois noir avec appliques en cuivre
doré et découpé à jour. xviie siècle.

Haut., 27 cent.; larg., 31 cent.

163 — Chauffe-mains en forme de sphère, en cuivre gravé à
bustes, oiseaux et ornements, et découpé à jour. Travail
du xvie siècle.

Diam., 8 cent.

164 — Bénitier surmonté d'un crucifix en argent repoussé
et appliqué sur croix en cuivre doré. Époque Louis XV.

Haut., 30 cent.

65 — Bas-relief en cuivre doré, représentant la Crèche. xvi° siècle.

> Haut., 11 cent.; larg., 11 cent.

66 — Bas-relief sans fond, en bronze doré, représentant Dieu bénissant le pain des disciples d'Emmaüs, qui ne lui refusent pas l'hospitalité. Cadre en bois noir enrichi d'appliques en bronze doré à fleurs et rinceaux. Époque Louis XIII.

> Haut., 36 cent.; larg., 26 cent.

67 — Grand plat ovale à reptiles; imitation des faïences de Bernard Palissy.

67 bis — Deux grands plats festonnés en faïence de Rouen, décor polychrôme à la corne.

68 — Grand plat rond de même faïence, décor polychrôme à fleurs et oiseaux.

69 — Deux jolies petites coupes en forme de saucière, en ancienne porcelaine tendre anglaise. Leurs panses sont ornées de coquilles et décorées de dauphins, et leurs anses sont formées de dauphins.

> Haut., 12 cent.; larg., 13 cent.

70 — Petit brûle-parfums de forme carrée, reposant sur quatre pieds droits, en émail cloisonné à fleurs et ornements en couleurs sur fond bleu turquoise. Le couvercle en bois sculpté, est surmonté d'une branche de corail.

> Haut., 15 cent.; larg., 9 cent.

171 — Petit vase de forme cylindrique en email cloisonné à fleurs sur fond bleu turquoise.

Haut., 11 cent.

172 — Boîte de forme lenticulaire en émail cloisonné à fleurs en couleurs sur fond bleu turquoise.

Diam., 7 cent.

173 — Bouilloire très-curieuse en bronze, à panse sphérique aplatie, reposant sur trois pieds composés de figures et d'oiseaux fantastiques. Le goulot est formé d'un oiseau chimérique, et l'anse surélevée présente une sorte d'animal dont le corps est composé d'enroulements découpés à jour.

Cette pièce est enrichie de parties damasquinées en or et en argent, et le couvercle est surmonté d'une figurine et de trois oiseaux. Socle en bois sculpté. Travail chinois très-ancien.

Haut., 20 cent.; larg., 23 cent.

174 — Autre bouilloire en bronze, à panse sphérique aplatie, reposant sur trois pieds et à goulot droits. L'anse est ornée d'une tête chimérique et le couvercle est bombé.

Cette pièce est enrichie dans toutes ses parties de fines incrustations d'or et d'argent.

Haut., 27 cent.; larg., 30 cent.

175 — Petite boîte de forme carrée en émail cloisonné à ornements sur fond bleu turquoise.

176 — Huit boutons en émail cloisonné à ornements. Travail japonais.

177 — Trois cuillers en argent dont les manches se terminent par des figurines. Travail allemand du xvi° siècle.

178 — Lot de monnaies et médailles en argent et en cuivre. Sept pièces.

179 — Quatre éventails avec montures en ivoire.

180 — Deux petits carlins assis en porcelaine de Saxe.

181 — Deux figurines d'enfants assis en porcelaine de Capo di Monte et cuiller à beurre.

182 — Petite boîte en argent doré et dessus en émail de Saxe

Meubles

183 — Lit en bois sculpté à colonnes torses et à traverses décorées d'enroulements, de rosaces et de mascarons. Le dossier, sculpté en bas-relief à guirlandes de fruits et or-

nements, est surmonté d'une tête de chérubin et d'enroulements découpés à jour.

La garniture ancienne, en velours épinglé à fleurs et rinceaux en couleurs sur fond de soie blanche, se compose de six rideaux, d'un couvre-pieds, d'un ciel de lit et de lambrequins. Travail du temps de Louis XIII.

Haut., 2 m. 40 c.; long., 1 m. 95 c.; larg., 1 m. 20 c.

184 — Très-grand meuble hollandais en marqueterie de bois à fleurs et ornements ; le bas à deux portes imitant des tiroirs, et le haut à deux portes pleines.

Haut., 2 m. 65 cent.; larg., 1 m. 50 cent.

185 — Grand meuble à deux corps en marqueterie de bois à fleurs et ornements. Le bas, de forme contournée, est garni de trois rangs de tiroirs, et le haut, formant vitrine, a ses deux portes et ses côtés vitrés.

Ouvrage hollandais.

Haut., 2 m. 34 cent.; larg., 1 m. 82 cent.

186 — Guéridon à dessus de marbre, encadré de bois sculpté et sur pied en bois composé de consoles.

187 — Guéridon porte-bougie sur pied en bois de chêne à consoles.

188 — Vitrine à quatre faces en hauteur sur socle à consoles et montants en bois noir.

189 — Montre plate en bois noir et vitrée au pourtour.

Les deux vitrines qui précèdent ont été exécutées d'après les modèles de celles employées à l'hôtel des ventes.

190 — Bibliothèque en bois de rose, garnie de bronzes et à portes vitrées.

191 — Cheminée en bois sculpté.

Tapisseries

192-193 — Deux grandes et magnifiques tapisseries des Gobelins, signées P. DESHAYES. L'une représente l'Enlèvement d'Hélène, et l'autre le Combat d'Ajax et d'Achille.

Ces tapisseries portent les armes de France et de Navarre, surmontées de la couronne royale. Elles sont remarquables par la richesse de leur composition et par leur belle conservation.

Larg., 5 m. 65 cent.; haut., 3 m. 80 cent.

Trois grandes et belles tapisseries d'Aubusson, représentant des sujets de batailles d'Alexandre, d'après Lebrun.

L'une d'elles porte l'inscription suivante : M. R. d'Aubusson. P. Icon :

194 — Larg., 8 m. 60 cent.; haut., 3 m. 20 cent.

195 — Larg., 4 m. 40 cent.; haut., 3 m. 20 cent.

196 — Larg., 4 m. 20 cent.: haut., 3 m. 20 cent.

197 — Deux petits panneaux provenant de la même suite.

Larg., 1 mètre; haut., 3 m. 20 cent.

198 — Quatre petits panneaux en tapisserie d'Aubusson, représentant des paysages avec oiseaux, dans des encadrements se détachant sur fond rouge.

Haut., 2 m. 15 cent.; larg., 42 cent.

199 — Grande tapisserie représentant l'Enlèvement d'Hélène;
bordure à rinceaux.

Larg., 4 m. 95 cent.; haut., 3 m. 5 cent.

200 — On vendra sous ce numéro les objets omis.

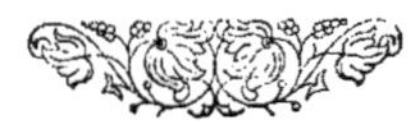